McGRAW-HILL • LECTURA

Cuaderno de fonética/ Conciencia fonémica

Grado 3

**McGraw-Hill
School Division**

New York   Farmington

Contenido

Libro 1

Unidad 1:

Unidad 2:

Unidad 3:

Libro 2

Unidad 1:

Unidad 2:

Unidad 3:

Consonantes iniciales: *b, v*

A veces un mismo sonido puede ser representado por dos letras diferentes. El sonido de la *b* y el sonido de la *v* son iguales.

Di el nombre de cada dibujo. Subraya la letra que representa el sonido con el que comienza cada palabra. Luego escribe la palabra.

1. b v _____	**2.** b v _____	**3.** b v _____
4. b v _____	**5.** b v _____	**6.** b v 20 _____
7. b v  _____	**8.** b v _____	**9.** b v _____

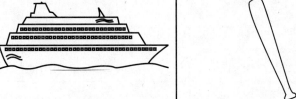

Consonantes iniciales: *b, v*

Di el nombre de cada dibujo. Traza un círculo alrededor de la letra
que completa la palabra. Escribe la letra en la línea.

1. b v  ___ oca	2. b v  ___ estido	3. b v  ___ iento
4. b v ___ otón	5. b v  ___ iolín	6. b v ___ aquero
7. b v  ___ ota	8. b v  ___ icicleta	9. b v  ___ eintidós
10. b v ___ aso	11. b v ___ ola	12. b v 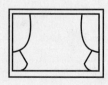 ___ entana

Consonantes iniciales: *ge, gi; je, ji*

A veces un mismo sonido puede ser representado por dos letras diferentes. Cuando la *g* va seguida de una *e* o una *i*, su sonido es igual al de la *j*.

Di el nombre de cada dibujo. Traza un círculo alrededor de la letra que representa el sonido con el que comienza cada palabra. Luego, escribe la palabra.

1. g j _____	**2.** g j _____	**3.** g j  _____
4. g j  _____	**5.** g j _____	**6.** g j  _____
7. g j _____	**8.** g j  _____	

Consonantes iniciales: *ll, y*

A veces un mismo sonido puede ser representado por dos letras diferentes. El sonido de *ll* y el sonido de la *y* son iguales.

Di el nombre de cada dibujo. Traza un círculo alrededor de la letra que representa el sonido con el que comienza cada palabra. Escribe la palabra sobre la línea.

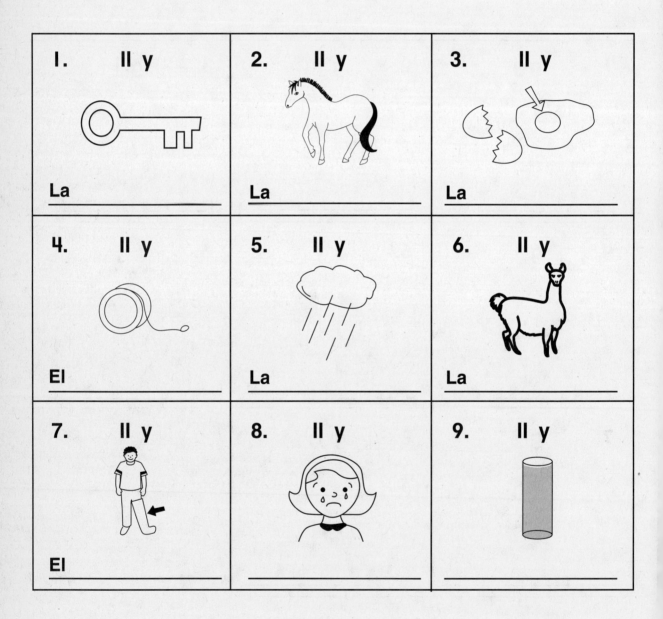

1. ll y

La _____

2. ll y

La _____

3. ll y

La _____

4. ll y

El _____

5. ll y

La _____

6. ll y

La _____

7. ll y

El _____

8. ll y

_____

9. ll y

_____

Consonantes iniciales: *s, z*

A veces un mismo sonido puede ser representado por dos letras diferentes. El sonido de la *s* y el sonido de la *z* son iguales.

Di el nombre de cada dibujo. Traza un círculo alrededor de la letra que representa el sonido con el que comienza cada palabra. Luego escribe la palabra.

I. s z _____	**2.** s z  _____	**3.** s z  _____
4. s z 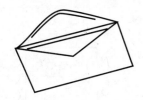 _____	**5.** s z  _____	**6.** s z  _____
7. s z  _____	**8.** s z  _____	**9.** s z 33¢ _____

Consonantes iniciales: *ce, ci; se, si*

A veces un mismo sonido puede ser representado por dos letras diferentes. Cuando la *c* va seguida de una *e* o una *i*, su sonido es igual al de la *s*.

Di el nombre de cada dibujo. Traza un círculo alrededor de la letra que representa el sonido con el que comienza cada palabra. Luego, escribe la palabra.

1. s c 7 _____	**2.** s c _____	**3.** s c _____
4. s c 6 _____	**5.** s c _____	**6.** s c 33¢ _____
7. s c _____	**8.** s c _____	**9.** s c _____

Consonantes iniciales: *s, c, z*

Di el nombre de cada dibujo. Traza un círculo alrededor de la letra que completa la palabra. Escribe la letra en la línea.

I. s c z  _____ illa	**2.** s c z _____ epillo	**3.** s c z _____ esenta
4. s c z _____ ero	**5.** s c z _____ apato	**6.** s c z  _____ ortija
7. s c z  _____ orra	**8.** s c z  _____ emáforo	**9.** s c z  _____ erdo
10. s c z  _____ ien	**II.** s c z  _____ ebra	**12.** s c z _____ orillo

Consonantes iniciales: *s, c, z*

Haz corresponder cada adivinanza con su respuesta. Subraya en cada una de las respuestas la letra que representa el sonido /*s*/. Si la letra es *s*, haz una línea roja, si es *z,* haz una línea azul y si es *c*, hazla verde.

1. Soy uno de los alimentos favoritos de los conejos.   cebra

2. ¡Siémbrame, por favor!   cenar

3. Lo haces por la noche.   cielo

4. Protejo tus ojos del sudor.   cejas

5. Soy lo contrario de "nunca".   zanahoria

6. Escribo con mi mano izquierda.   zapato

7. No te va a gustar mi olor.   zorrillo

8. Protejo tus pies.   zurdo

9. Soy blanca con rayas negras.   semilla

10. Siempre estoy sobre ti.   siempre

Consonantes intermedias: *ll, y*

A veces un mismo sonido puede ser representado por dos letras
diferentes. El sonido de la *y* y el sonido de la *ll* son iguales.

Escribe la palabra representada por cada dibujo. Traza un círculo
alrededor de la letra correcta.

I. ll y  _____	**2.** ll y  _____	**3.** ll y  _____
4. ll y  _____	**5.** ll y  _____	**6.** ll y _____
7. ll y  _____	**8.** ll y  _____	**9.** ll y  _____

Consonantes intermedias: *ll, y*

Haz corresponder cada adivinanza con su respuesta. Subraya en cada una de las respuestas la letra que representa el sonido /y/. Si la letra es *ll*, haz una línea roja y si es *y*, haz una línea azul.

1. Estoy en tu cabeza.   mayo

2. Soy el mamífero más grande que existe.   ardilla

3. Significo lo mismo que "cooperar".   cabello

4. Me comes por la mañana.   desayuno

5. Como nueces y me subo a los árboles.   oye

6. Significo lo mismo que "escucha".   ballena

7. Me parezco al clavo.   ayudar

8. Soy el quinto mes del año.   tornillo

9. Te protejo de la lluvia.   rayo

10. Soy amigo del trueno.   sombrilla

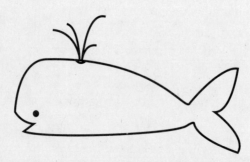

Consonantes intermedias: *b, v*

Di el nombre de cada dibujo. Traza un círculo alrededor de la letra que completa la palabra. Escribe la letra en la línea.

1. b v	2. b v	3. b v
 nu ___ e	 o ___ eja	 bur ___ ujas
4. b v	5. b v	6. b v
 lo ___ o	 ti ___ urón	 a ___ e
7. b v	8. b v	9. b v
 a ___ ispa	 ár ___ ol	9 nue ___ e
10. b v	11. b v	12. b v
 escara ___ ajo	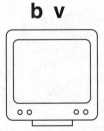 tele ___ isor	 a ___ ión

Consonantes intermedias: *b, v*

Haz corresponder cada adivinanza con su respuesta. Subraya en
cada una de las respuestas la letra que representa el sonido /b/. Si la
letra es *b*, haz una línea roja y si es *v,* haz una línea azul.

1. La gallina lo pone y tú te lo comes.   jueves

2. Significa lo mismo que "entretenido".   subir

3. Es lo contrario de "viejo".   huevo

4. Es lo contrario de "bajar".   abanico

5. En ella guardas tu ropa.   nuevo

6. Significa lo mismo que "coche".   hierba

7. Siempre estoy cerca de la tierra.   automóvil

8. Siempre estoy antes que el viernes.   divertido

9. Estoy entre tu pierna y tu pie.   gaveta

10. Te ayudo si tienes calor.   tobillo

Consonantes intermedias: *s, z*

Di el nombre de cada dibujo. Traza un círculo alrededor de la letra
que completa la palabra. Escribe la letra en la línea.

I. s z  la ___ o	**2.** s z cami ___ a	**3.** s z 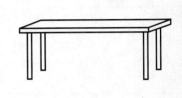 me ___ a
4. s z  gan ___ o	**5.** s z  calaba ___ a	**6.** s z  ca ___ a
7. s z cabe ___ a	**8.** s z  ta ___ a	**9.** s z fre ___ a
10. s z 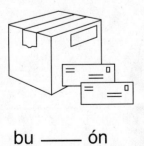 bu ___ ón	**II.** s z  dino ___ aurio	**12.** s z ♡ cora ___ ón

Consonantes intermedias: *s, z*

Busca en el recuadro las palabras que completan cada oración.
Luego escríbelas en las líneas correspondientes.

cabeza	usa	manzana	lazo
oso	pedazo	basura	mesa
almuerzo	casa	taza	azul

1. La _____ es una fruta.

2. José sólo se comió un _____ de pan.

3. Ana se lava la _____ todos los días.

4. El _____ panda está en peligro de extinción.

5. Rafael siempre _____ el cinturón de seguridad.

6. Isabel tiene un hermoso _____ rosa en su pelo.

7. A Carmen le gusta mucho el color _____.

8. A mí me toca botar la _____ en casa.

9. Es muy importante saber la dirección de nuestra _____.

10. ¿Qué vamos a comer en el _____?

11. Siempre ayudo a recoger los platos de la _____.

12. Abuela siempre toma una _____ de café por la mañana.

Consonantes intermedias: *m, n*

Di el nombre de cada dibujo. Traza un círculo alrededor de la letra
que completa la palabra. Escribe la letra en la línea.

1. m n bo ⎯⎯ bero	**2.** m n 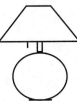 lá ⎯⎯ para	**3.** m n 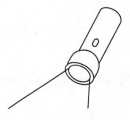 li ⎯⎯ terna
4. m n ma ⎯⎯ zana	**5.** m n ta ⎯⎯ bor	**6.** m n  pa ⎯⎯ talón
7. m n  so ⎯⎯ brero	**8.** m n  ho ⎯⎯ bre	**9.** m n  ca ⎯⎯ tante
10. m n  ho ⎯⎯ bro	**11.** m n ba ⎯⎯ dera	**12.** m n  so ⎯⎯ bra

Consonantes intermedias: *m, n*

Haz corresponder cada adivinanza con su respuesta.

1. Soy el noveno mes del año.   invisible

2. No me puedes ver.   hambriento

3. Significo lo mismo que "caminar".   antiguo

4. Soy la estación más fría del año.   empezar

5. Soy lo contrario de "terminar".   invitación

6. Soy algo muy viejo.   septiembre

7. Significo lo mismo que "molesto".   enfadado

8. Soy lo contrario de "sucio".   invierno

9. Si me recibes, puedes ir a la fiesta.   limpio

10. Tengo muchísimos deseos de comer.   andar

Consonantes intermedias: *s, c*

Di el nombre de cada dibujo. Traza un círculo alrededor de la letra que completa la palabra. Escribe la letra en la línea.

I. **s c**  mú ___ ica	**2.** **s c**  pe ___ era	**3.** **s c** **11** on ___ e
4. **s c**  o ___ ito	**5.** **s c**  co ___ inero	**6.** **s c** **60** se ___ enta
7. **s c**  ambulan ___ ia	**8.** **s c**  edifi ___ io	**9.** **s c**  poli ___ ía
10. **s c**  bol ___ illo	**II.** **s c**  rino ___ eronte	**12.** **s c**  bi ___ icleta

Consonantes intermedias: *c, s*

Busca en el recuadro las palabras que completan cada oración.
Luego, escríbelas en las líneas correspondientes.

cocinar	palacio	princesa	ciencias	felices
coser	países	conocieron	insectos	música

1. Como todos saben, la _____ fue quien rescató al príncipe.

2. Así fue que se _____.

3. El príncipe vivía en un _____.

4. A la princesa le gustaba _____ la ropa de los dos.

5. Al príncipe le encantaba _____ deliciosos platos para su princesa.

6. A los dos les gustaba mucho escuchar _____.

7. La princesa leía libros de _____, sobre todo de animales.

8. Sabía mucho sobre los mamíferos, las aves y los _____.

9. El príncipe leía libros sobre la cultura de otros _____ lejanos.

10. Aunque eran diferentes, fueron muy _____ porque siempre se respetaron y amaron.

Consonantes finales: *s, z*

A veces un mismo sonido puede ser representado por dos letras diferentes. El sonido de la *s* y el sonido de la *z* son iguales.

Di el nombre de cada dibujo. Traza un círculo alrededor de la letra que representa el sonido con el que termina cada palabra. Luego, escribe la palabra sobre la línea.

I. s z  _____	**2.** s z **3** _____	**3.** s z  _____
4. s z 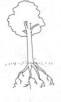 _____	**5.** s z (calendario Julio) _____	**6.** s z  _____
7. s z _____	**8.** s z **2** _____	**9.** s z **10** _____

Consonantes finales: *s, z*

Haz corresponder cada adivinanza con su respuesta. Subraya en cada una de las respuestas la letra que representa el sonido /s/. Si la letra es *s*, haz una línea roja y si es *z*, haz una línea azul.

1. Tengo cuatro semanas.   feliz

2. Significo lo mismo que "rápido".   más

3. Soy lo contrario de "guerra".   nariz

4. Soy igual a cinco más cinco.   mes

5. Les gusto mucho a las ardillas.   nuez

6. Cuando yo estoy, puedes ver mejor.   luz

7. Soy lo contrario de "menos".   tres

8. Soy lo contrario de "triste".   paz

9. Soy igual a catorce menos once.   diez

10. Estoy entre tus ojos y tu boca.   veloz

Consonantes finales: *d, l, n, s, j, m, r, z*

Busca en el recuadro la letra que representa el sonido con el que termina cada palabra. Luego escríbela en el espacio correspondiente.

d	l	n	s
j	m	r	z

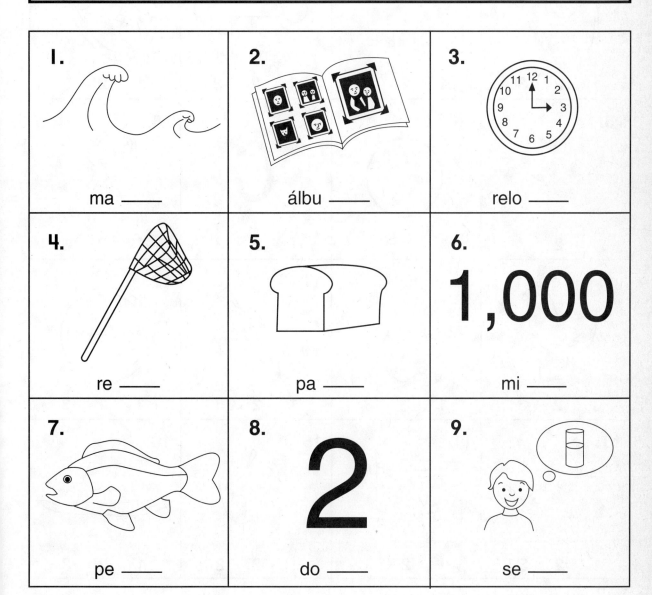

1. ma _____

2. álbu _____

3. relo _____

4. re _____

5. pa _____

6. mi _____

7. pe _____

8. do _____

9. se _____

División silábica

Menciona el nombre de cada dibujo. Traza un círculo alrededor del
número de sílabas que escuches en cada palabra.

1. 1　2　3	**2.** 1　2　3	**3.** 1　2　3	**4.** 1　2　3
5. 1　2　3	**6.** 1　2　3	**7.** 0 1　2　3	**8.** 1　2　3
9. 1　2　3	**10.** 1　2　3	**11.** 1　2　3	**12.** 1　2　3
13 1　2　3	**14.** 1　2　3	**15.** 1　2　3	**16.** 1　2　3

División silábica

Traza un círculo alrededor de la palabra correspondiente a cada figura. Luego escribe la palabra en la línea, dividiéndola en sílabas.

1.  vida vela velo _____	**2.** bota vota rota _____	**3.**  mente lente gente _____
4.  camilla ardilla tornillo _____	**5.** caballo cabello camello _____	**6.** abeja oveja oreja _____
7. mueve nueve nuevo _____	**8.** maleta paleta gaveta _____	**9.** hombro hambre hombre _____
10. nombra sombra siembra _____	**11.** orificio oficio edificio _____	**12.** rayo mayo rollo _____

División silábica

Lee las palabras y divídelas en sílabas. Luego búscalas en la sopa de letras.

1. payaso _____   **5.** pedazo _____

2. ayudar _____   **6.** vaso _____

3. sombra _____   **7.** sello _____

4. manzana _____   **8.** cenar _____

f	g	m	a	n	z	a	n	a
a	l	k	y	z	u	e	v	o
j	b	i	u	c	e	n	a	r
c	d	h	d	t	y	b	x	e
p	a	y	a	s	o	a	d	t
s	q	g	r	f	p	i	s	v
r	n	e	s	o	m	b	r	a
s	e	ll	o	m	f	c	i	s
o	p	e	d	a	z	o	p	o

División silábica

Busca en el recuadro la palabra que completa cada oración. Luego, escríbela en la línea, ya dividida en sílabas.

ventana	**felices**	**oveja**	**pedazo**
hacer	**gallo**	**manzanas**	**llegó**

1. Por fin _____ el día de la fiesta de los animales.

2. El _____, como siempre, se despertó muy temprano y fue el primero en llegar.

3. La _____ llegó con su hermoso abrigo de lana.

4. Doña Osa miraba a todos desde la _____.

5. Como no lo veían, don Gato se comió un _____ de pastel.

6. Pero luego se sintió mal y no lo volvió a _____.

7. También había peras y _____ para comer.

8. Y _____ todos bailaron hasta el amanecer.

Nombre _____ Fecha _____

Repaso de la unidad

Lee las sílabas de la primera columna. Luego busca en el recuadro las sílabas que completan cada palabra. Escríbelas en el espacio en blanco.

1. ven _____	rrillo
2. ce _____	via
3. gen _____	brero
4. ji _____	lo
5. zapa _____	tana
6. bici _____	rafa
7. ves _____	ma
8. cepi _____	cleta
9. som _____	melos
10. llu _____	tido
11. cere _____	nar
12. círcu _____	te
13. ye _____	llo
14. ge _____	tero
15. zo _____	zas

Repaso de la unidad

Escribe el nombre de cada dibujo.

1.  _____	**2.**  _____	**3.**  _____
4.  _____	**5.**  _____	**6.**  _____
7.  _____	**8.**  _____	**9.**  _____

Lee cada palabra. Luego divídela en sílabas.

10. cabeza _____ **14.** lámpara _____

11. martillo _____ **15.** tambor _____

12. televisor _____ **16.** cocina _____

13. jueves _____ **17.** edificio _____

Repaso de la unidad

Traza un círculo alrededor de la letra que completa la palabra de cada oración. Luego, escribe la letra en la línea correspondiente.

1. Tico era un pe ___ que vivía en una hermosa laguna.   [s, z]

2. Le gustaba mucho nadar, aunque no era muy velo ___.   [s, z]

3. Algunos de sus primos vivían muy lejos, en el ma ___.   [l, r]

4. A veces tropezaba con alguna re ___, pero siempre escapaba.   [d, j]

5. Otras, veía una lombri ___, pero nunca se acercaba.   [s, z]

6. En el agua, tenía más de mi ___ amigos acuáticos.   [l, r]

7. Le encantaba ver cómo la lu ___ del sol iluminaba el agua.   [s, z]

8. Y lo mejor de vivir en el agua era que nunca le daba se ___.   [d, j]

Une las sílabas de las dos columnas para crear una palabra. Luego, escribe la palabra en la línea correspondiente.

1. re   piz _____

2. ál   riz _____

3. na   loj _____

4. lá   bum _____

Grupos consonánticos: *bl, br*

Di el nombre de cada dibujo. Traza un círculo alrededor del grupo de letras que representan los sonidos que le faltan a cada palabra. Luego, escribe la palabra en la línea correspondiente.

1. bl br  _____	2. bl br  _____	3. bl br 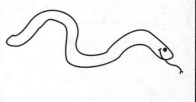 _____
4. bl br  _____	5. bl br _____	6. bl br  _____
7. bl br  _____	8. bl br  _____	9. bl br 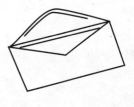 _____
10. bl br  _____	11. bl br  _____	12. bl br  _____

Grupos consonánticos: *br*

Escribe las letras que faltan para completar las palabras. Luego copia cada nueva palabra en la línea que aparece al lado.

1. ho ——— ro   _____

2. ho ——— re   _____

3. ham ——— e   _____

4. hem ——— a   _____

5. so ——— ra   _____

6. no ——— ra   _____

7. n ——— m ——— e   _____

Grupos consonánticos: *cl, cr*

Escribe la respuesta para cada adivinanza usando las palabras de la columna de la derecha. Luego, subraya todas las combinaciones *cl* y *cr* que encuentres.

1. Soy una hermosa flor. _____   cresta

2. Soy lo contrario de "oscuridad". _____   clima

3. Lo hacen los sapos. _____   creer

4. Estoy en la cabeza del gallo. _____   clavo

5. A veces soy lluvioso y otras veces caluroso. _____   Claudia

6. Tengo dos ruedas. _____   clavel

7. Soy lo contrario de "desconfiar". _____   cruzar

8. Son los bebitos de los animales. _____   crecer

9. Debes alimentarte bien para hacerlo. _____   cristal

10. Soy un nombre de mujer. _____   claridad

11. Trabajo con el martillo. _____   cruel

12. De mí está hecho el parabrisas de los coches. _____   bicicleta

13. Soy lo contrario de "bondadoso". _____   crin

14. Atravesar una calle. _____   crías

15. Soy parte del pelaje del caballo. _____   croar

Grupos consonánticos: *cl, cr*

Busca en el recuadro las palabras que completan cada oración. Escríbelas en las líneas correspondientes. Luego traza un círculo alrededor de cada combinación *cl* y *cr*.

crear	**croaba**	**bicicleta**	**secreto**	**croar**
creció	**creía**	**cruzar**	**Claudia**	**crías**

1. Ésta es la historia de una sapita llamada _____.

2. Como todas las sapitas de su familia, Claudia _____ por las noches.

3. _____ era lo único que la hacía igual que los demás sapitos; en el resto de las cosas era muy diferente.

4. Por ejemplo, en vez de saltar, Claudia prefería montar _____ .

5. ¡Eso sí!, Claudia siempre miraba a ambos lados antes de _____ una calle.

6. A Claudia también le gustaba _____ esculturas extrañas con los objetos que otras ranitas botaban.

7. Y es que Claudia _____ que siempre se le podía dar un uso nuevo a un objeto viejo.

8. Los años pasaron y Claudia _____ hasta convertirse en una mamá sapa.

9. Ahora Claudia les enseña a sus _____ a darles nuevos usos a todas las cosas.

10. Ése es el _____ para ayudar a conservar lo que nos rodea.

Grupos consonánticos: *dr*

Busca en el recuadro el nombre de cada uno de los dibujos. Luego, escríbelo en la línea correspondiente.

dragón	**madre**	**cuadrado**	**taladro**	**piedras**	**padre**
ladra	**Pedro**	**cuadro**	**cocodrilo**	**ladrillos**	**Andrea**

1. _____	**2.** _____	**3.** _____
4. _____	**5.** _____	**6.** _____
7. _____	**8.** _____	**9.** _____
10. _____	**11.** _____	**12.** _____

Grupos consonánticos: *dr*

Busca en el recuadro las palabras que completan cada oración.
Escríbelas en las líneas correspondientes. Luego traza un círculo
alrededor de cada grupo *dr*.

cuadros	Pedro	padre	Andrés	ladrar
madre	dragón	taladro	cocodrilo	piedritas

1. Por el lago se deslizaba un verde y simpático _____.

2. El cocodrilo se llamaba _____ y le decían Pedrucho.

3. A Pedrucho le encantaba nadar y pintar hermosos

   _____.

4. Su _____, que era pintora, le había enseñado.

5. Pedrucho tenía un amigo muy especial que se llamaba

   _____.

6. Andrés era un enorme y simpático _____ con alas.

7. A veces Andrés se creía perro y comenzaba a _____.

8. Los dos jugaban juntos a tirar _____ al agua.

9. El _____ de Andrés se unía a veces a ellos y
jugaban los tres.

10. ¡Y cuando jugaban hacían más ruido que un _____!

Grupos consonánticos: *fl, fr*

Di el nombre de cada dibujo. Traza un círculo alrededor del grupo de
letras que representan los sonidos que le faltan a cada palabra.
Luego, escríbelas en la línea correspondiente.

1. **fl fr**  ——— or	**2.** **fl fr** 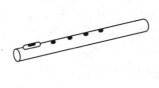 ——— auta	**3.** **fl fr** ——— esa
4. **fl fr**  ——— utas	**5.** **fl fr**  ——— orero	**6.** **fl fr**  ——— echa
7. **fl fr** 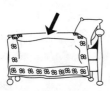 ——— azada	**8.** **fl fr**  ——— ijoles	**9.** **fl fr**  ——— ente
10. **fl fr**  ——— aco	**11.** **fl fr**  ——— an	**12.** **fl fr**  ——— otar

Grupos consonánticos: *fl, fr*

Haz corresponder cada adivinanza con su respuesta. Luego, traza un círculo alrededor de todas las combinaciones *fl* y *fr* que encuentres.

1. Soy un instrumento musical.	flauta
2. A veces los huevos se cocinan así.	cofre
3. Soy lo contrario de "resistente".	fritos
4. Los piratas me usaban para guardar tesoros.	flan
5. Soy un postre muy sabroso.	frágil
6. Ayudo a detener los automóviles.	frasco
7. Soy larga y puntiaguda.	frazada
8. Te protejo contra el frío.	frondoso
9. Soy un envase pequeño.	disfrutar
10. Tengo un significado parecido a "gozar".	frío
11. Soy el envase en donde ponen las flores.	flotar
12. Soy lo contrario de "calor".	fresa
13. Se hace en el agua.	frenos
14. Soy una fruta pequeña.	flecha
15. Soy un árbol grande y lleno de hojas.	florero

Grupos consonánticos: *gl, gr*

Di el nombre de cada dibujo. Traza un círculo alrededor del grupo de letras que representan los sonidos que le faltan a cada palabra.
Luego, escríbelas en la línea correspondiente.

I. gl gr  ti ____ e	**2.** gl gr 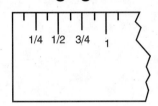 re ____ a	**3.** gl gr  can ____ ejo
4. gl gr  lá ____ imas	**5.** gl gr  ____ obo	**6.** gl gr  ____ abadora
7. gl gr  ____ anja	**8.** gl gr ____ illo	**9.** gl gr  ____ úa
10. gl gr  ____ upo	**II.** gl gr  jun ____ a	**12.** gl gr  ____ anos

Grupos consonánticos: *gr*

¿Quién se esconde en el pasto o grama? Completa las palabras utilizando las letras de la palabra anterior. Luego copia cada nueva palabra en la línea que aparece al lado.

1. g r a m a   _____

2.   b a   _____

3.   s   _____

4.   v e   _____

5.   n o   _____

6.   d   _____

7.   p   _____

8.   t   _____

9.   l l   _____

Grupos consonánticos: *pl, pr*

Di el nombre de cada dibujo. Traza un círculo alrededor del grupo de letras que representan los sonidos que le faltan a cada palabra. Luego, escríbelas en la línea correspondiente.

1. pl pr 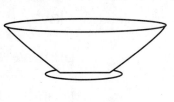 ____ ato	2. pl pr  ____ incesa	3. pl pr  ____ uma
4. pl pr 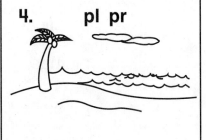 ____ aya	5. pl pr  ____ ecio	6. pl pr  ____ anta
7. pl pr  ____ egunta	8. pl pr 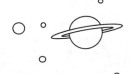 ____ aneta	9. pl pr ____ íncipe
10. pl pr  ____ imero	11. pl pr  ____ átano	12. pl pr  ____ umero

Grupos consonánticos: *pl, pr*

Haz corresponder cada adivinanza con su respuesta. Luego, subraya todas las combinaciones *pl* y *pr* que encuentres.

1. Tienes que hacerlo muchas veces,
   si quieres tocar bien un instrumento.   profundo

2. Soy lo contrario de "ausente".   playa

3. Soy una fruta muy sabrosa.   primavera

4. Soy lo contrario de "vender".   preguntar

5. Llego después del invierno.   siempre

6. Soy el hijo de tu tía.   practicar

7. Significo lo mismo que "hondo".   plumas

8. Júpiter y Mercurio   primo

9. Lo haces si quieres saber algo.   planetas

10. Hermosa   preciosa

11. Viene antes que el segundo.   primero

12. En ella hay olas y arena.   plátano

13. Las aves las tienen.   presente

14. Necesita sol y agua para crecer.   planta

15. Soy lo contrario de "nunca".   comprar

Grupos consonánticos: *tr*

Busca en el recuadro el nombre de cada uno de los dibujos. Luego, escríbelo en la línea correspondiente.

trompa	**trapecista**	**trompo**	**treinta**
trenza	**traje**	**tractor**	**tren**
cuatro	**triángulo**	**trompeta**	**trece**

1. _____	2.  _____	3. _____
4. 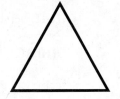 _____	5. _____	6.  _____
7. _____	8.  _____	9.  _____
10.  _____	11. 30 _____	12. 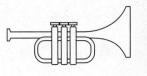 _____

Grupos consonánticos: *tr*

Haz corresponder cada adivinanza con su respuesta. Luego, subraya
todas las combinaciones *tr* que encuentres.

1. El elefante tiene una y es muy, muy larga.   trabalenguas

2. Si lo haces, te puedes caer.   triste

3. A veces es muy difícil decirlo.   trueno

4. Si no lo haces, la comida
no puede llegar al estómago.   triángulo

5. Tengo tres lados.   maestra

6. Sostengo las ramas.   tropezar

7. Trabajo en la escuela.   trompeta

8. Soy amigo del relámpago.   trino

9. Quince más quince   trompa

10. Soy lo contrario de alegre.   entrar

11. Soy el sonido de los pajaritos.   treinta

12. Siete más seis   tronco

13. Sirvo para viajar por la nieve.   trineo

14. Soy un instrumento musical.   tragar

15. Soy lo contrario de "salir".   trece

División silábica

Traza un círculo alrededor de la palabra correspondiente a cada
figura. Luego escribe la palabra en la línea, dividiéndola en sílabas.

1.  sombra sobre _____	**2.**  florero flan _____	**3.**  brazo abrazo _____
4. glotón globo _____	**5.** frente freno _____	**6.** madre padre _____
7.  traje trajo _____	**8.**  plancha planta _____	**9.**  plumero pluma _____
10.  hombro hombre _____	**11.**  celebra culebra _____	**12.** trompo trompa _____

División silábica

Lee las sílabas de la primera columna. Luego busca en el recuadro las sílabas que completan cada palabra. Escríbelas en el espacio en blanco.

1. siem _____		brero
2. graba _____		zón
3. creci _____		gunta
4. som _____		mero
5. gran _____		miento
6. se _____		de
7. trope _____		gulo
8. fron _____		neta
9. pre _____		pre
10. jun _____		doso
11. fri _____		drilo
12. pla _____		creto
13. coco _____		joles
14. trián _____		dora
15. pri _____		gla

Sílaba tónica

Lee las palabras y divídelas en sílabas. Encierra en un círculo la sílaba con mayor fuerza de pronunciación. Luego, busca cada palabra en la sopa de letras.

1. grito _____   **5.** bicicleta _____

2. dragón _____   **6.** flaco _____

3. cruzar _____   **7.** playa _____

4. plumero _____   **8.** pluma _____

a	g	r	i	t	o	r	x	p
f	t	c	g	p	o	f	z	l
b	i	c	i	c	l	e	t	a
c	r	u	z	a	r	l	s	y
e	s	p	a	p	l	u	m	a
t	d	r	a	g	ó	n	t	a
r	n	m	f	l	a	c	o	n
p	l	u	m	e	r	o	t	s

Sílaba tónica

Divide cada palabra en sílabas. Encierra en un círculo la sílaba con mayor fuerza de pronunciación. Luego, escribe la palabra en la columna que le corresponde.

1. grabadora _____

2. plátano _____

3. encontrar _____

4. granja _____

5. tractor _____

6. sombrero _____

7. trapecista _____

8. princesa _____

9. frijol _____

10. crecer _____

Palabras con mayor fuerza de pronunciación en la sílaba:

antepenúltima	penúltima	última
_____	_____	_____
_____	_____	_____
_____	_____	_____
_____	_____	_____
_____		

Repaso de la unidad

Di el nombre de cada dibujo. Escríbelo sobre la línea.

1.	2.	3.
_____	_____	_____

4. 1/4 1/2 3/4 1	5.	6.
_____	_____	_____

7.	8.	9. $1.00
_____	_____	_____

10.	11.	12.
_____	_____	_____

Repaso de la unidad

Escribe el nombre de cada dibujo.

I.  _____	**2.**  _____	**3.** _____
4. **30** _____	**5.** 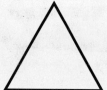 _____	**6.**  _____
7.  _____	**8.**  _____	**9.**  _____

Lee cada palabra. Luego divídela en sílabas.

10. ladrar _____

11. secreto _____

12. clima _____

13. hombro _____

14. hablar _____

15. flaco _____

16. amable _____

17. trenza _____

Repaso de la unidad

Busca en el recuadro la palabra que completa cada oración. Luego, escríbela en la línea, ya dividida en sílabas.

clavos	**plato**	**sombrero**	**trompa**
dragón	**florero**	**ladraba**	**cebra**

1. Había una vez un elefante tan extraño que en vez de

   _____ tenía trompeta.

2. Había una vez un gato tan extraño que _____ en vez de maullar.

3. Había una vez un _____ tan extraño que lanzaba hielo en vez de fuego.

4. Había una vez un carpintero tan extraño que martillaba la madera y

   serruchaba los _____.

5. Había una vez una muchacha tan extraña que guardaba las flores en

   su monedero y el dinero en el _____.

6. Había una vez una _____ tan extraña que, en vez de líneas negras, tenía circulitos de muchos colores.

7. Había una vez un hombre tan extraño que usaba el

   _____ en los pies y los zapatos en la cabeza.

8. Había una vez un niño tan extraño que comía de un vaso y tomaba

   agua de un _____.

Repaso de la unidad

Divide cada palabra en sílabas. Encierra en un círculo la sílaba con mayor fuerza de pronunciación. Luego, escribe la palabra en la columna que le corresponde.

1. cabra   _____

2. tabla   _____

3. claridad   _____

4. secreto   _____

5. madre   _____

6. flotar   _____

7. lágrimas   _____

8. regla   _____

9. príncipe   _____

10. tratar   _____

Palabras con mayor fuerza de pronunciación en la sílaba:

antepenúltima	penúltima	última
_____	_____	_____
_____	_____	_____
_____	_____	_____
_____	_____	_____
_____	_____	_____

Diptongos: *ai, au*

Di el nombre de cada dibujo. Traza un círculo alrededor de las letras que completan cada palabra. Escribe las letras en el espacio correspondiente.

I. ai au  j ___ la	**2.** ai au 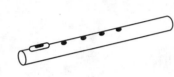 fl ___ ta	**3.** ai au  dinos ___ rio
4. ai au  c ___ mán	**5.** ai au 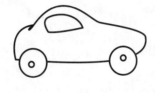 ___ tomóvil	**6.** ai au  ___ tobús
7. ai au  ___ llar	**8.** ai au  astron ___ ta	**9.** ai au  b ___ larina
10. ai au  g ___ ta	**11.** ai au  b ___ larín	**12.** ai au  m ___ llar

Diptongos: *ei, eu*

Haz corresponder cada adivinanza con su respuesta. Luego traza un círculo alrededor de los diptongos *ei* y *eu* que aparezcan en las respuestas.

1. Me usan para peinar.		despeinado
2. La esposa del rey		reino
3. Para lo que usas el peine.		aceite
4. Donde viven los reyes.		peinar
5. Persona que debe dinero.		reina
6. Se le echa a la ensalada.		reunión
7. Lo contrario de "peinado"		deudor
8. Donde hay muchas personas juntas.		dieciséis
9. Nueve menos tres		peine
10. Ocho más ocho		seis

Diptongos: *ia, ie, io, iu*

Di el nombre de cada dibujo. Traza un círculo alrededor de las letras que completan cada palabra. Escribe las letras en el espacio correspondiente.

1. ia ie io iu  p ___ no	**2. ia ie io iu** 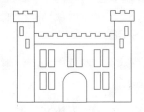 palac ___	**3. ia ie io iu**  av ___ n
4. ia ie io iu  h ___ lo	**5. ia ie io iu**  v ___ lín	**6. ia ie io iu**  murc ___ lago
7. ia ie io iu zanahor ___	**8. ia ie io iu**  c ___ n	**9. ia ie io iu**  p ___ dras
10. ia ie io iu 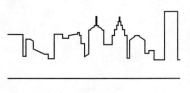 c ___ dad	**11. ia ie io iu**  ambulanc ___	**12. ia ie io iu** 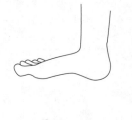 p ___

Diptongos: *ia, ie, io, iu*

Haz corresponder cada advinanza con la palabra que la resuelve.
Luego traza un círculo alrededor de los diptongos *ia, ie, io* e *iu* que
aparezcan en las respuestas.

1. Soy un animal prehistórico.   viajar

2. Sirve para escuchar música.   invierno

3. Lo contrario de "nuevo"   viejo

4. Soy un color y el nombre de una flor.   estudiar

5. Soy la estación más fría del año.   marioneta

6. Lo contrario de "sucia"   miedo

7. Cubre tu cuerpo.   radio

8. Lo haces en la escuela.   diurno

9. Soy un muñeco que puedes mover.   limpia

10. Significo lo mismo que "temor."   dinosaurio

11. Lo que se hace por el día.   piel

12. Lo que haces cuando vas de un país a otro.   violeta

Diptongos: *ia, ie, io, iu*

Escribe las letras que faltan, usando las letras de la palabra anterior en la lista. Luego copia cada nueva palabra en la línea que aparece al lado. Traza un círculo alrededor del diptongo *ie*.

1. c   i   e   l   o   _____

2.   g   _____

3. r   _____

4. D   _____

5. v   j   _____

6. m   d   _____

7. n   g   _____

8.   t   _____

9.   a   _____

10. d   _____

Diptongos: *ia, ie, io, iu*

Haz corresponder las palabras que riman. Traza un círculo alrededor
de los diptongos *ia, ie, io, iu*.

1. miel		cielo
2. avión		edificio
3. viejo		miente
4. siente		camión
5. ambulancia		familiar
6. oficio		piel
7. estudiar		rubia
8. diente		cierro
9. lluvia		ganancia
10. hierro		serpiente

Diptongos: *ia, ie, io, iu*

Lee las siguientes palabras. Traza un círculo alrededor de los
diptongos *ia, ie, io, iu*. Luego, escribe una oración con cada
palabra.

1. lluvia _____

_____

2. cielo _____

_____

3. indio _____

_____

4. violeta _____

_____

5. ciudad _____

_____

6. familia _____

_____

7. miedo _____

_____

8. limpio _____

_____

9. tierra _____

_____

10. pies _____

_____

Diptongos: *ua, ue, ui, uo*

Di el nombre de cada dibujo. Traza un círculo alrededor de las letras que completan cada palabra. Escribe las letras en el espacio correspondiente.

I. ua ue ui uo  ag ____	**2. ua ue ui uo**  esc ____ la	**3. ua ue ui uo**  p ____ nte
4. ua ue ui uo 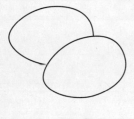 h ____ vos	**5. ua ue ui uo** f ____ go	**6. ua ue ui uo**  g ____ nte
7. ua ue ui uo  pañ ____ lo	**8. ua ue ui uo** c ____ tro	**9. ua ue ui uo**  r ____ do
10. ua ue ui uo 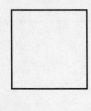 c ____ drado	**11. ua ue ui uo** 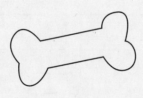 h ____ so	**12. ua ue ui uo**  ig ____ na

Diptongos: *ua, ue, ui, uo*

Haz corresponder cada adivinanza con su respuesta. Luego traza un círculo alrededor de los diptongos *ua, ue, ui, uo* que aparezcan en las respuestas.

1. Sostengo tu cabeza.   cuadrado

2. Lo contrario de "nuevo"   fuego

3. El papá de la mamá   jaguar

4. Tiene cuatro lados.   cuello

5. Lo que pasa si te das un golpe   duele

6. Es peligroso y quema.   igual

7. Veintidós menos dieciocho   antiguo

8. Lo contrario de silencio   cuatro

9. Sirve para cruzar los ríos.   descuidado

10. Lo contrario de cuidadoso   abuelo

11. Felino que vive en el Amazonas   puente

12. Lo contrario de diferente   ruido

Diptongos: *ua, ue, ui, uo*

Escribe las letras que faltan, utilizando las letras de la palabra anterior en la lista. Luego copia cada nueva palabra en la línea que aparece al lado. Traza un círculo alrededor de los diptongos *ie, ue*.

1. ll   u   e   v   e   _____

2. m   _____

3. n   _____

4.   i   _____

5.   u   a   _____

6.   o   _____

7. h   _____

8.   c   _____

9.   s   _____

10.   l   _____

Diptongos: *ua, ue, ui, uo*

Haz corresponder las palabras que riman. Traza un círculo alrededor
de los diptongos *ua, ue, ui, uo*.

1. abuelo
2. dueño
3. muela
4. ruido
5. suerte
6. guante
7. juego
8. jueves
9. hueso
10. aguar

cuido
grueso
fuerte
mueves
pañuelo
fuego
jaguar
sueño
abuela
aguante

Diptongos: *ua, ue, ui, uo*

Lee las siguientes palabras. Traza un círculo alrededor de los diptongos *ua, ue, ui* y *uo*. Luego, escribe una oración con cada palabra.

1. guardar _____

_____

2. igual _____

_____

3. escuela _____

_____

4. sueño _____

_____

5. ruidoso _____

_____

6. cuidadoso _____

_____

7. antiguo _____

_____

8. nueva _____

_____

9. cueva _____

_____

10. fuego _____

_____

Diptongos: *ay, ey, oy, uy*

Escribe las letras que faltan, utilizando las letras de la palabra anterior en la lista. Luego, copia cada nueva palabra en la línea que aparece al lado. Traza un círculo alrededor de los diptongos *ay, ey, oy* y *uy*.

1. d   o   y   _____

2. s   _____

3. v   _____

4. h   _____

5.   a   _____

6. l   e   _____

7. r   _____

8. m   u   _____

Diptongos: *ay, ey, oy, uy*

Busca en el recuadro las palabras que completan cada oración.
Escríbelas en las líneas correspondientes. Luego traza un círculo
alrededor de los diptongos *ay, au, ey, oy* y *uy*.

doy	**soy**	**hay**	**ley**
voy	**aunque**	**rey**	**muy**

1. Mañana _____ al cine con mi mamá.

2. _____ no es domingo, la escuela está cerrada.

3. Siempre les _____ las gracias a las personas que
   me ayudan.

4. En el zoológico _____ muchos animales.

5. El _____ es el esposo de la reina.

6. Yo no _____ un astronauta.

7. El mosquito es un animal _____ pequeño.

8. Hay una _____ que dice que todos los niños y los
   adultos deben usar el cinturón de seguridad.

División silábica

Menciona el nombre de cada dibujo. Traza un círculo alrededor del número de sílabas que escuches en cada palabra.

1. 1 2 3	**2.** 1 2 3	**3.** 1 2 3	**4.** 1 2 3
5. 1 2 3	**6.** 1 2 3	**7.** 1 2 3	**8.** 1 2 3
9. 1 2 3	**10.** 1 2 3	**11.** 1 2 3	**12.** 1 2 3
13 1 2 3	**14.** 1 2 3	**15.** 1 2 3	**16.** 1 2 3

División silábica

Lee las sílabas de la primera columna. Luego busca en el recuadro las sílabas que completan cada palabra. Escríbelas.

1. Lau ————————

2. hue ————————

3. mau ————————

4. ciu ————————

5. aun ————————

6. ai ————————

7. puen ————————

8. guar ————————

9. cua ————————

10. reu ————————

11. llu ————————

12. jue ————————

que

go

tro

re

nión

ra

dar

llar

via

dad

te

lo

División silábica

Lee las siguientes palabras. Divídelas en sílabas. Traza un círculo alrededor de las sílabas con mayor fuerza de pronunciación. Luego, escribe una oración con cada palabra.

1. invierno _____ _____

_____ _____

2. cuento _____ _____

_____ _____

3. aire _____ _____

_____ _____

4. agua _____ _____

_____ _____

5. abuela _____ _____

_____ _____

6. jugar _____ _____

_____ _____

7. bailar _____ _____

_____ _____

8. zanahoria _____ _____

_____ _____

Sílaba tónica

Lee las palabras y divídelas en sílabas. Encierra en un círculo la sílaba con mayor fuerza de pronunciación. Luego, busca cada palabra en la sopa de letras.

1. cuido _____

2. violín _____

3. murciélago _____

4. viajar _____

5. limpio _____

6. ciudad _____

7. aire _____

8. piel _____

```
l  i  m  p  i  o  t  m
a  o  l  s  c  l  e  u
r  p  v  b  l  m  k  r
n  v  i  o  l  í  n  c
t  x  a  i  r  e  j  i
f  e  j  i  d  m  f  é
a  l  a  f  p  i  e  l
c  o  r  n  t  g  i  a
c  i  u  d  a  d  h  g
b  e  c  u  i  d  o  o
```

Sílaba tónica

Divide cada palabra en sílabas. Encierra en un círculo la sílaba con mayor fuerza de pronunciación. Luego, escribe la palabra en la columna que le corresponde.

1. ruido _____

2. muévete _____

3. autor _____

4. luego _____

5. murciélago _____

6. reunión _____

7. suerte _____

8. igual _____

9. estudiar _____

10. cuello _____

Palabras con mayor fuerza de pronunciación en la sílaba:

antepenúltima	penúltima	última
_____	_____	_____
_____	_____	_____
_____	_____	_____
_____	_____	_____
_____	_____	_____

Rimas

Haz corresponder las figuras cuyos nombres riman entre sí.

1.

2.

3.

4.

5.

6.

7.

8.

Rimas

Lee cada grupo de palabras. Traza un círculo alrededor de la palabra que no rima con las demás.

1. bola, ola, sola, casa, cola

2. una, lana, cuna, luna, tuna

3. caso, lazo, risa, vaso, paso

4. maleta, receta, paleta, gaveta, mañana

5. mano, cama, rama, gana, sana

6. brincar, comer, gritar, saltar, cantar

7. huevo, luego, fuego, riega, ruego

8. cuchara, cuchillo, cepillo, panecillo, palillo

9. cueva, nueva, cara, muera, aprueba

10. siente, asiento, diente, miente, puente

Rimas

Completa cada oración con una palabra o frase que rime. ¡Utiliza tu imaginación!

1. Había una vez un gato
   que era muy amigo de un _____.

2. Había una vez un jaguar
   al que le gustaba _____.

3. Había una vez un _____
   que se parecía a un _____.

4. Había una vez un _____
   que comía _____.

5. Yo tengo _____
   que _____.

6. Había una vez una _____
   que _____.

Repaso de la unidad

Haz corresponder cada advinanza con su respuesta. Luego, traza un círculo alrededor de los diptongos que encuentres en las respuestas.

1. Cae del cielo.

2. En ella nacen los árboles.

3. Lo que respiras

4. Lo que hacen las abejas

5. Sirve para limpiarse el sudor.

6. Reptil

7. Lo contrario de "presente"

8. Lo que hacen los gatos

9. Lo que hacen los lobos

10. Lo contrario de "nuevo"

11. Sonido muy alto y molesto

12. Protege tus manos del frío.

13. Instrumento musical

14. Significa lo mismo que "después."

15. Lo que ponen las gallinas

| antiguo |
| aire |
| ausente |
| lluvia |
| iguana |
| piano |
| pañuelo |
| maullar |
| tierra |
| luego |
| guantes |
| aullar |
| huevos |
| ruido |
| miel |

Repaso de la unidad

Escribe el nombre de cada dibujo. Traza un círculo alrededor de cada diptongo.

1. 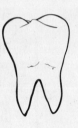 _____	**2.**  _____	**3.**  _____
4.  _____	**5.**  _____	**6.**  _____
7.  _____	**8.** _____	**9.** 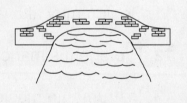 _____

Lee cada palabra. Luego divídela en sílabas.

10. jugar _____

11. sueño _____

12. aceite _____

13. peinar _____

14. guante _____

15. hueso _____

16. abuelito _____

17. luciérnaga _____

Repaso de la unidad

Divide cada palabra en sílabas. Encierra en un círculo la sílaba con mayor fuerza de pronunciación. Luego, escribe la palabra en la columna que le corresponde.

1. caimán _____

2. jaguar _____

3. serpiente _____

4. iguana _____

5. nutria _____

6. ciempiés _____

7. luciérnaga _____

8. murciélago _____

Palabras con mayor fuerza de pronunciación en la sílaba:

antepenúltima	penúltima	última
_____	_____	_____
_____	_____	_____
_____	_____	_____
_____	_____	_____
_____	_____	_____

Repaso de la unidad

Haz corresponder las palabras que riman.

1. gato

2. luna

3. cama

4. huevo

5. ratón

6. bola

7. caballo

8. cueva

9. maleta

10. casa

gaveta
gallo
ola
cuna
nueva
taza
pato
nuevo
rama
corazón

Repaso de la unidad

Para cada una de las palabras que aparecen a continuación, busca
al menos una que rime con ella.

1. rosa ———————————————

2. masa ———————————————

3. paso ———————————————

4. correr ———————————————

5. miente ———————————————

6. cola ———————————————

7. cuna ———————————————

8. amar ———————————————

Escribe una oración con cada una de las nuevas palabras que
encontraste.

Sonidos de grafía compuesta: *rr*

Busca en el recuadro la palabra que completa cada oración y escríbela en la línea correspondiente. Luego traza un círculo alrededor de la sílaba que tenga el sonido /rr/.

torre	burro	perro	arroz	barrer	gorra
barrer	carrito	zorra	amarrar	carretera	carrera

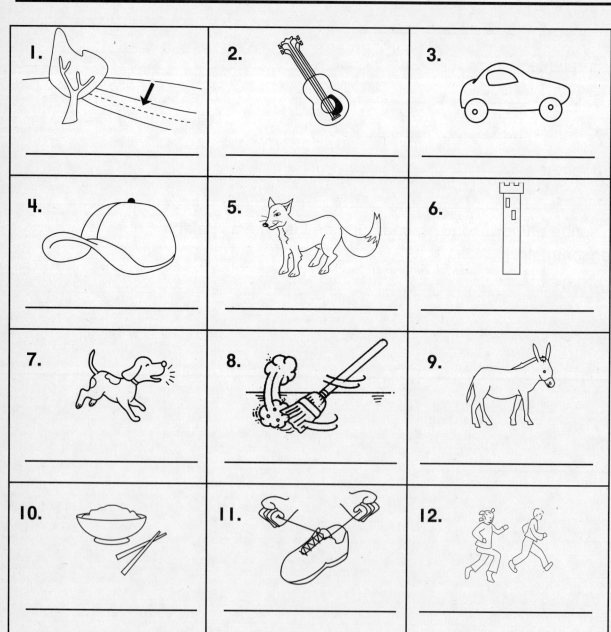

1. _____

2. _____

3. _____

4. _____

5. _____

6. _____

7. _____

8. _____

9. _____

10. _____

11. _____

12. _____

Sonidos de grafía compuesta: *rr*

Busca en el recuadro la palabra que completa cada oración.
Escríbela en la línea correspondiente y traza un círculo alrededor de
las sílabas que comiencen con *rr*.

narra	perro	arroz	corrió	carrera	carritos
ferretería	cotorra	tierra	arrastra	derramó	cierra

1. Por favor, _____ la puerta cuando te vayas.

2. José fue a comprar un martillo a la _____.

3. Sofía ganó la _____ porque _____
más rápido que los demás.

4. A mi hermanito le gusta mucho jugar con sus _____.

5. A mi tía le gusta mucho comer _____ con frijoles.

6. Me gustan mucho los cuentos que nos _____
nuestra maestra.

7. El _____ de mi vecino ladra mucho por las noches.

8. Esteban tropezó y se le _____ la leche que estaba
tomando.

9. Los agricultores cultivan la _____.

10. La culebra se _____ y la _____
vuela.

Sonidos de grafía compuesta: *ch*

Busca en el recuadro la palabra que completa cada oración y escríbela en la línea correspondiente. Luego traza un círculo alrededor de la sílaba que tiene el sonido *ch*.

ocho	cuchillo	hacha	chocolate	ochenta	cuchara
chimenea	techo	brocha	muchacha	chimpancé	leche

1.  _____	2. _____	3. _____
4.  _____	5.  _____	6. 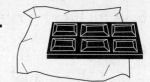 _____
7. _____	8.  _____	9.  _____
10.  _____	11.  _____	12. _____

Sonidos de grafía compuesta: *ch*

Haz corresponder cada adivinanza con su respuesta. Luego traza un círculo alrededor de la sílaba que tenga la combinación *ch*.

1. La gente se ríe cuando me escucha.

2. Soy un país de América del Sur.

3. Soy un país de Asia.

4. Soy lo contrario de "poco."

5. Cuando hablan de mí, mencionan el día, los meses y los años.

6. La parte de arriba de una casa.

7. Soy lo contrario de día.

8. Sirvo para cortar.

9. Sirvo para tomar la sopa.

10. Tengo el calcio que necesitas para tener dientes fuertes y saludables.

11. Se usa para pintar.

12. Cincuenta más treinta

leche
mucho
cuchara
cuchillo
chiste
fecha
China
Chile
techo
brocha
ochenta
noche

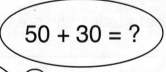

50 + 30 = ?

Sonidos de grafía compuesta: *que, qui*

Busca en el recuadro la palabra que completa cada oración.
Escríbela en la línea correspondiente y traza un círculo alrededor de
las sílabas que comiencen con el grupo *qu*.

chaqueta	máquina	paquete	quinto	quiere
quemar	quieren	quince	quejar	raqueta

1. Ana está en _____ grado.

2. Su hermana mayor va a cumplir _____ años y

_____ que le regalen una _____

para aprender a jugar tenis.

3. Su mamá le está haciendo un traje en su _____ de

coser.

4. También le va a coser una _____.

5. Ana está muy contenta con estos regalos porque su hermana y ella

se _____ mucho.

6. Ana ya le hizo un hermoso dibujo y lo guardó en un

_____.

7. Con tantas velas encendidas el pastel se va a _____,

pero todos van a estar tan contentos que nadie se va a

_____.

Sonidos de grafía compuesta: *que, qui*

Haz corresponder cada adivinanza con su respuesta. Luego, traza un círculo alrededor de las sílabas *que* y *qui*.

1. Lo que hace el fuego

2. Va después del cuarto grado.

3. Que está roto

4. Lo contrario de "dar"

5. Dicen que a los ratones les gusta comerlo.

6. Soy un animal muy pequeño y molesto.

7. Lo contrario de "irse"

8. Lo que las personas hacen cuando piensan que algo es injusto

9. Trescientos más doscientos

10. Tiene un significado parecido a "tal vez."

11. Tiene un significado parecido a "desear".

12. Soy lo contrario de "grande".

quitar

quebrado

queso

quejarse

quemar

quinto

quedarse

quinientos

querer

pequeño

mosquito

quizás

Sonidos de grafía compuesta: *gue, gui, güe, güi*

Escribe el nombre de cada dibujo. Busca la palabra en el recuadro.
Traza un círculo alrededor de la sílaba que contiene la palabra.

guiño	guitarra	cigüeña	aguijón
pingüino	manguera	águila	hormiguero

1. gue güe	**2. gui güi**	**3. gue güe**
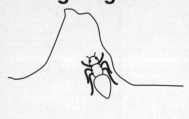 _____	 _____	 _____

4. gui güi	**5. gui güi**	**6. gue güe**
 _____	_____	 _____

7. gui güi	**8. gui güi**	
 _____	 _____	

La letra silenciosa: *h*

Busca en el recuadro la palabra que nombra cada dibujo y escríbela en la línea correspondiente. Luego traza un círculo alrededor de cada *h*.

hormiga	helicóptero	hueso	hoja
hamaca	almohada	huella	búho
helados	hipopótamo	huevos	hombre

1. _____	**2.** _____	**3.** _____
4. _____	**5.**  _____	**6.** _____
7.  _____	**8.**  _____	**9.**  _____
10. _____	**11.**  _____	**12.** _____

La letra silenciosa: *h*

Haz corresponder cada adivinanza con su respuesta. Luego, traza un círculo alrededor de las sílabas con *h*.

1. La usas para dormir.

2. El reloj te la dice.

3. Soy un medio de transporte aéreo.

4. Sirvo para cocinar la comida.

5. Donde viven las hormigas

6. Significa lo mismo que "profundo."

7. Parte del cuerpo

8. Lo que ponen las gallinas.

9. Sirvo para enfriar el agua.

10. Parte de las plantas

11. Sale del fuego.

12. Se usa para coser.

hora
helicóptero
hondo
hielo
horno
almohada
hormiguero
humo
hilo
hombro
hoja
huevos

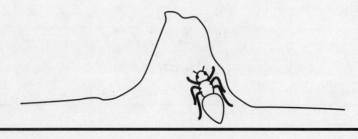

Sonidos compuestos: *x*

Haz corresponder cada adivinanza con la palabra que la resuelve.
Luego, traza un círculo alrededor de todas las sílabas *ex*.

1. Que es muy raro

2. Que es muy bueno

3. Lo contrario de "interior"

4. Lo que hacen los científicos

5. Pedir disculpas

6. Que nació en otro país

7. Decir lo que pensamos

8. Lo contrario de "reducido"

9. Lo que hacen los exploradores

10. Lo que son "¡Ay!" y "¡No!"

> experimentos
>
> extenso
>
> extranjero
>
> exclamaciones
>
> extraño
>
> explorar
>
> expresarnos
>
> excusarse
>
> excelente
>
> exterior

División silábica

Menciona el nombre de cada dibujo. Traza un círculo alrededor del número de sílabas que escuches en cada palabra.

1. 1 2 3	**2.** 1 2 3	**3.** 1 2 3	**4.** 15 1 2 3
5. 1 2 3	**6.** 1 2 3	**7.** 1 2 3	**8.** 1 2 3
9. 1 2 3	**10.** 1 2 3	**11.** 1 2 3	**12.** 80 1 2 3
13. 1 2 3	**14.** 1 2 3	**15.** 8 1 2 3	**16.** 1 2 3

División silábica

Lee las sílabas de la primera columna. Luego busca en el recuadro
las sílabas que completan cada palabra. Escríbelas en el espacio
en blanco.

1. le _____

2. chu _____

3. ex _____

4. hom _____

5. bú _____

6. hier _____

7. quin _____

8. gui _____

9. chis _____

10. hue _____

11. ce _____

12. co _____

ba
nexión
ñar
ce
par
rrar
bre
ho
che
traño
te
lla

Sílaba tónica

Lee las palabras y divídelas en sílabas. Encierra en un círculo la sílaba con mayor fuerza de pronunciación. Luego, busca cada palabra en la sopa de letras.

1. brocha _____

2. hierro _____

3. quinto _____

4. agarra _____

5. hija _____

6. explica _____

7. excusa _____

8. borra _____

```
a  g  a  r  r  a  t
e  x  c  u  s  a  r
x  h  i  e  r  r  o
p  i  e  t  s  o  q
l  j  b  o  r  r  a
i  a  r  a  e  b  t
c  b  r  o  c  h  a
a  q  u  i  n  t  o
a  i  p  h  l  s  t
```

Sílaba tónica

Divide cada palabra en sílabas. Encierra en un círculo la sílaba con mayor fuerza de pronunciación. Luego, escribe la palabra en la columna que le corresponde.

1. techo   _____

2. hipopótamo   _____

3. derramar   _____

4. guitarra   _____

5. querer   _____

6. tierra   _____

7. máquina   _____

8. almohada   _____

9. exclamó   _____

10. ahora   _____

Palabras con mayor fuerza de pronunciación en la sílaba:

antepenúltima	penúltima	última
_____	_____	_____
_____	_____	_____
_____	_____	_____
_____	_____	_____
_____	_____	_____

Rimas

Escribe el nombre de cada figura. Haz corresponder las palabras que riman.

1.

_____   _____

2.

_____   _____

3.

_____   _____

4.

_____   _____

5.

_____   _____

6.

_____   _____

Rimas

Lee cada grupo de palabras. Traza un círculo alrededor de la palabra
que no rima con las demás.

1. cabra, abra, hambre, labra, palabra

2. raíz, razón, maíz, feliz, nariz

3. paloma, idioma, toma, tema, aroma

4. baja, paja, caja, coge, maja

5. duro, puro, para, oscuro, maduro

6. camisa, risa, pisa, peso, tiza

7. pecho, estrecho, coche, derecho, techo

8. mala, sala, ala, pala, pelo

9. foca, toca, toco, poca, boca

10. cuento, siento, centro, diente

Repaso de la unidad

Haz corresponder cada adivinanza con su respuesta.

1. Soy un animal doméstico.	carretera
2. Soy un instrumento musical.	quinto
3. Echar agua al piso	cerrar
4. Lo contrario de "interior"	perro
5. Soy muy picante.	arreglar
6. Por donde transitan los automóviles	derramar
7. Lo contrario de "abrir"	extraño
8. Significo lo mismo que "raro".	chile
9. Sirvo para cortar madera.	agarrar
10. Estoy antes que el sexto.	guitarra
11. Soy lo contrario de "soltar".	hacha
12. Soy lo contrario de "romper".	hambre
13. Treinta y cuatro más cuarenta y seis	exterior
14. Muchos deseos de comer	quince
15. Cinco por tres	ochenta

Repaso de la unidad

Escribe el nombre de cada dibujo.

1. 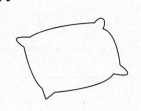 _____	2.  _____	3.  _____
4. _____	5. **15** _____	6. 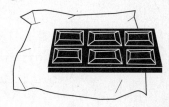 _____
7.  _____	8. 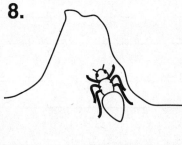 _____	9.  _____

Lee cada palabra. Luego divídela en sílabas.

10. hermana _____   **14.** quijada _____

11. queja _____   **15.** cuchara _____

12. hierro _____   **16.** gorra _____

13. arreglar _____   **17.** experimento _____

Repaso de la unidad

Divide cada palabra en sílabas. Encierra en un círculo la sílaba que
tenga la mayor fuerza de pronunciación. Luego escribe una oración
con cada palabra.

1. leche   _____   _____

                     _____   _____

2. noche   _____   _____

                     _____   _____

3. arreglar   _____   _____

                     _____   _____

4. quiero   _____   _____

                     _____   _____

5. hondo   _____   _____

                     _____   _____

6. experimento   _____   _____

                     _____   _____

7. correr   _____   _____

                     _____   _____

8. guitarra   _____   _____

                     _____   _____

Repaso de la unidad

Divide cada palabra en sílabas. Encierra en un círculo la sílaba con mayor fuerza de pronunciación. Luego, escribe la palabra en la columna que le corresponde.

1. ahora _____

2. arrastrar _____

3. explicación _____

4. historia _____

5. hipopótamo _____

6. máquina _____

7. pingüino _____

8. derramar _____

9. experimento _____

10. hormiguero _____

Palabras con mayor fuerza de pronunciación en la sílaba:

antepenúltima	penúltima	última
_____	_____	_____
_____	_____	_____
_____	_____	_____
_____	_____	_____
_____	_____	_____

Repaso de la unidad

Haz corresponder las palabras que riman.

1. pan	tubo
2. gato	tela
3. loro	sube
4. casa	flan
5. boca	pato
6. nariz	toro
7. vela	mes
8. tres	raíz
9. cubo	toca
10. nube	taza

Sufijos: *ría*

Busca en el recuadro el lugar que se describe en la primera columna. Luego traza una línea entre cada palabra y su definición. Subraya los sufijos *ría* que aparezcan en las palabras que indican lugar.

1. Donde se venden los libros

2. Donde se arreglan vestidos

3. Donde se venden flores

4. Donde se venden muebles

5. Donde se vende pan

6. Donde se arreglan zapatos

7. Donde se venden joyas

8. Donde se venden carnes

9. Donde se arregla el cabello

10. Donde se venden herramientas

11. Donde se atiende a los enfermeros

12. Donde se venden pescados

mueblería
panadería
carnicería
joyería
sastrería
peluquería
ferretería
enfermería
librería
florería
zapatería
pescadería

Sufijos: *ista*

Busca en el recuadro la palabra que indica el oficio de cada una de las siguientes personas. Luego, escríbela en la línea correspondiente y traza un círculo alrededor del sufijo *ista*.

trapecista	flautista	dentista	periodista
pianista	florista	trompetista	violinista
basquetbolista	modista	guitarrista	futbolista

1. _____

2. _____

3. _____

4. _____

5. _____

6. _____

7. _____

8. _____

9. _____

10. _____

11. _____

12. _____

Sufijos: *ero, era, or, ora*

Busca en el recuadro el oficio que se describe en la primera
columna. Luego, traza una línea entre cada palabra y su definición.
Subraya los sufijos *ero, era, or* y *ora* que aparezcan en las palabras
que indican el oficio.

1. Conduce un camión.

2. Cura a las personas.

3. Arregla los zapatos.

4. Cocina.

5. Pinta cuadros.

6. Combate los incendios.

7. Hace esculturas.

8. Entrega las cartas.

9. Escribe libros.

10. Atiende en los restaurantes.

11. Siembra y cosecha.

12. Cuida a los enfermos.

13. Recorta el cabello.

14. Arregla los relojes.

15. Pesca.

| cocinero |
| pintora |
| escritora |
| doctora |
| agricultor |
| zapatero |
| escultora |
| camionero |
| relojero |
| bombera |
| pescador |
| cartero |
| peluquera |
| mesera |
| enfermero |

Sufijos: *ar, er, ir*

Busca en el recuadro la acción que se describe en la primera
columna. Luego, traza una línea entre cada palabra y su definición.
Subraya los sufijos *ar, er, ir,* que aparezcan en las palabras que
indican acción.

1. Lo que se hace con el martillo

2. Lo que se hace con la pintura

3. Lo que se hace con la comida

4. Lo que se hace con el cepillo

5. Lo que se hace con el clavo

6. Lo que se hace con el abridor
   de latas

7. Lo que se hace con el adorno

8. Lo que se hace con el borrador

9. Lo que se hace con el rastrillo

10. Lo que se hace con el oído

11. Lo que se hace con la batidora

12. Lo que se hace con el abanico

13. Lo que se hace con el zapato

14. Lo que se hace con el serrucho

15. Lo que se hace con el bate

abrir
serruchar
oír
martillar
comer
abanicar
pintar
rastrillar
zapatear
batear
clavar
borrar
batir
adornar
cepillar

Sufijos: *ido*

Busca en el recuadro la palabra que indica el sonido producido por cada animal u objeto. Luego, escríbela en la línea correspondiente y haz un círculo alrededor del sufijo *ido*.

zumbido	**mugido**	**rugido**	**bramido**
latido	**maullido**	**ladrido**	**estallido**
soplido	**chillido**	**balido**	**aullido**

1. _____

2. _____

3. _____

4. _____

5. _____

6. _____

7. _____

8. _____

9. _____

10. _____

11. _____

12. _____

Sufijos: *mente*

Busca en el recuadro la palabra que mejor completa cada oración.
Escríbela en la línea correspondiente y haz un círculo alrededor del
sufijo *mente*.

afortunadamente	**silenciosamente**	**inesperadamente**
rápidamente	**lentamente**	**suavemente**
cuidadosamente	**amablemente**	**afortunadamente**

1. Como tenía tanta prisa por llegar a la escuela, Pablo se fue muy

   _____.

2. Entraste tan _____ que no te escuché llegar.

3. La mariposa se posó tan _____ sobre la flor, que
   no se le movió ni un pétalo.

4. Carmen tiene una pierna enyesada y por eso camina tan

   _____.

5. Como la caja tenía floreros de cristal que eran muy frágiles, había

   que cargarla muy _____.

6. Mi tía se enfermó, pero _____ ya se siente mucho
   mejor.

7. Mi abuela llegó _____. Nadie sabía que iba a venir.

8. La bibliotecaria es muy buena y siempre nos trata

   _____.

Nombre _____ Fecha _____

Sufijos: *oso, osa, ble*

Busca en el recuadro el adjetivo que se describe en la primera columna. Luego, traza una línea entre cada palabra y su definición. Subraya los sufijos *oso, osa* y *ble* que aparezcan en los adjetivos.

1. Que tiene mucho cuidado
2. Que hace mucho ruido
3. Que respeta a los demás
4. Que causa mucha gracia
5. Que le da temor
6. Que molesta mucho
7. Que se puede contagiar
8. Que provoca temor
9. Que estudia mucho
10. Que se puede tragar
11. Que se puede confiar
12. Que se puede apretar
13. Que causa horror
14. Que cumple siempre con su responsabilidad
15. Que trata a los demás amistosamente

estudioso

confiable

horroroso

cuidadosa

amigable

temible

respetuoso

temeroso

responsable

ruidoso

graciosa

contagioso

apretable

molestosa

tragable

Plurales

Di el nombre de cada dibujo. Traza un círculo alrededor de la terminación que se necesita para formar su plural. Luego, escribe la palabra en plural en la línea correspondiente.

1.  s es ces _____	**2.**  s es ces _____	**3.**  s es ces _____
4.  s es ces _____	**5.**  s es ces _____	**6.**  s es ces _____
7.  s es ces _____	**8.** 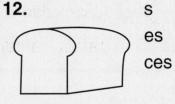 s es ces _____	**9.** s es ces _____
10. s es ces _____	**11.** s es ces _____	**12.** s es ces _____

Femenino

Di el nombre de cada dibujo. Traza un círculo alrededor de la terminación que se necesita para formar su femenino. Luego, escribe la palabra en femenino en la línea correspondiente.

1. a ina triz _____	**2.**  a ina triz _____	**3.**  a ina triz _____
4.  a ina triz _____	**5.** a ina triz _____	**6.** a ina triz _____
7.  a ina triz _____	**8.** a ina triz _____	**9.**  a ina triz _____
10.  a ina triz _____	**11.**  a ina triz _____	**12.**  a ina triz _____

Sufijos: *ito, ita, ote, ota*

Busca en el recuadro la palabra que completa cada oración. Luego, traza una línea entre cada palabra y su definición. Subraya los sufijos *ito, ita, ote* y *ota* que aparezcan en las palabras que indican tamaño pequeño o grande.

1. Si una tortuga es muy pequeña es una...

2. Si una cabeza es muy grande es una...

3. Si un dedo es muy pequeño es un...

4. Si una nariz es muy grande es una...

5. Si una bola es muy pequeña es una...

6. Si una casa es muy grande es una...

7. Si una gata es muy pequeña es una...

8. Si un sombrero es muy grande es un...

9. Si un oso es muy pequeño es un...

10. Si un libro es muy grande es un...

11. Si un árbol es muy pequeño es un...

12. Si una silla es muy grande es una...

osito.

casota.

sombrerote.

sillota.

bolita.

librote.

dedito.

arbolito.

narizota.

tortuguita.

cabezota.

gatita.

Prefijos: *em, en, a*

Busca en el recuadro la acción que se describe en la primera columna. Luego, traza una línea entre cada palabra y su definición. Subraya los prefijos *em, en* y *a* que aparezcan en las palabras que indican acción.

1. Meter en una jaula

2. Meter en una gaveta

3. Meter en una funda

4. Poner cadenas

5. Poner jabón

6. Hacer que algo sea bello

7. Hacer que algo sea duro

8. Hacer que algo sea dulce

9. Hacer que algo sea frío

10. Hacer que algo sea sucio

11. Hacer que algo sea peor

12. Poner triste

13. Ponerse flaco

14. Ponerse gordo

15. Poner algo más cerca

16. Poner algo más largo

17. Poner algo más grande

18. Introducir un botón en su ojal

| embellecer |
| alargar |
| enjabonar |
| empeorar |
| enfriar |
| enjaular |
| endurecer |
| ensuciar |
| engavetar |
| agrandar |
| engordar |
| endulzar |
| enfundar |
| abotonar |
| entristecer |
| encadenar |
| enflaquecer |
| acercar |

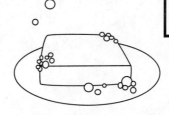

Prefijos: *des*

Lee cada palabra. Añádele el prefijo *des* para crear una palabra diferente. Luego, escríbela en el espacio correspondiente.

des   **des**

1. hacer _____ **5.** pegar _____

2. cuidarlas _____ **6.** infló _____

3. abrigado _____ **7.** tapar _____

4. organizar _____ **8.** atar _____

Ahora utiliza las nuevas palabras para completar las siguientes oraciones.

1. Hace mucho frío y no debes estar tan _____.

2. El globo se _____ porque se rompió.

3. Mi hermanito es muy pequeño y aún no se sabe atar ni _____ los zapatos.

4. Es importante alimentar bien a las mascotas y nunca _____.

5. Usé tanto pegamento que ahora no puedo _____ mis dedos.

Prefijos: *in*

Lee cada palabra. Añádele el prefijo *in* para crear una palabra diferente. Luego, escríbela en el espacio correspondiente.

in in

1. cómodos _____   **5.** justo _____

2. esperado _____   **6.** feliz _____

3. correcta _____   **7.** visibles _____

4. quieta _____   **8.** útil _____

Ahora utiliza las nuevas palabras para completar las siguientes oraciones.

1. Estos zapatos son muy _____ porque me aprietan mucho.

2. Mi hermanita es muy _____ y nunca se cansa de estar corriendo.

3. Alicia estaba muy contenta porque sólo tuvo una respuesta _____ en la prueba de matemáticas.

4. Daniel cree que fue muy _____ que lo regañaran porque él no había hecho nada malo.

5. No puedo ver los microbios porque son _____ a simple vista.

Prefijos: *in, im, des*

Lee las palabras de la primera columna. Busca en el recuadro las palabras que significan lo contrario y únelas con una línea. Subraya los sufijos *in, im* y *des* que indican oposición.

1. inflar

2. abrochar

3. perfecto

4. igual

5. enjaular

6. tranquilo

7. contento

8. colgar

9. posible

10. conocer

11. enganchar

12. puro

13. cansado

14. empolvar

15. aprovechar

intranquilo

desigual

desconocer

imposible

descansado

desenganchar

imperfecto

desabrochar

descontento

desenjaular

desinflar

desaprovechar

desempolvar

impuro

descolgar

Raíces de palabras

Lee cada palabra. Luego, escribe la palabra de la que se ha derivado.

1. florero _____

2. abotonar _____

3. panadería _____

4. ruidoso _____

5. enjaular _____

6. casita _____

7. amarillento _____

8. martillar _____

9. justo _____

10. librería _____

11. amoroso _____

12. zapatitos _____

13. despegar _____

14. trabajador _____

15. destapar _____

Raíces de palabras

Busca en el recuadro la palabra que completa cada oración.

enjabonarse	**besito**	**silenciosamente**	**hermanito**
inquieto	**amoroso**	**ensuciarse**	**muchísimo**

1. María tiene un _____ pequeño que nunca está tranquilo.

2. Se llama Andrés y es tan _____ que siempre está corriendo de un lado para otro.

3. A Andrés le encanta jugar en el patio y _____ con la tierra.

4. Y luego, en el baño, pelea porque no quiere _____ bien.

5. ¡Eso sí! Andrés es muy _____ con María.

6. A veces se le acerca _____ y le regala una flor.

7. Y es por eso que María lo quiere _____.

Ahora, escribe la palabra de la que se deriva cada una de las palabras del cuadro.

8. enjabonarse _____

9. hermanito _____

10. ensuciarse _____

11. besito _____

12. inquieto _____

13. silenciosamente _____

14. amoroso _____

15. muchísimo _____

Nombre _____ Fecha _____

Palabras compuestas

Di el nombre de cada dibujo. Busca cada palabra en el recuadro.
Luego, escríbela en la línea correspondiente.

medianoche	**anteojos**	**girasol**	**mediodía**
rascacielos	**saltamontes**	**sacapuntas**	**lavaplatos**
lavamanos	**abrelatas**	**lavamanos**	**paracaídas**

1.
_____

2.
_____

3.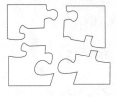
_____

4.
_____

5.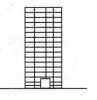
_____

6.
_____

7.
_____

8.
_____

9.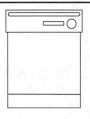
_____

10.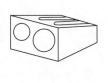
_____

11.
_____

12.
_____

Repaso de la unidad

Escribe una oración con cada una de las siguientes palabras.

1. pan _____

panadería _____

panadero _____

2. enfermedad _____

enfermo _____

enfermero _____

3. cocina _____

cocinar _____

cocinera _____

4. comida _____

comer _____

comedor _____

5. cuidar _____

cuidadoso _____

cuidadosamente _____

Repaso de la unidad

Busca en el recuadro la palabra que completa cada una de las siguientes palabras compuestas. Luego, escríbela en el espacio correspondiente.

manos	**dulce**	**latas**	**brazo**
negro	**caídas**	**puntas**	**noche**

1. pasa _____

2. agri _____

3. peli _____

4. media _____

5. saca _____

6. ante _____

7. para _____

8. abre _____

Añade los prefijos *in* y *des* para crear nuevas palabras. Escribe las palabras en el espacio correspondiente.

in

1. capaz _____

2. correcto _____

3. feliz _____

4. cómodo _____

5. suficiente _____

6. tranquilo _____

des

7. colgar _____

8. atar _____

9. unir _____

10. cansar _____

11. cuidar _____

12. tapar _____

Repaso de la unidad

Escribe una oración con cada una de las siguientes palabras.

1. flor _____

    florista _____

    florecita _____

    florería _____

    florero _____

    floreado _____

    flores _____

2. baile _____

    bailar _____

    bailé _____

    bailarín _____

    bailarina _____

    bailarines _____

Sinónimos

Busca en el recuadro las dos palabras que van con cada dibujo.
Luego, escríbelas en las líneas correspondientes.

pelo	coche	comida	saltar	traje
alegre	molesto	beber	caminar	enojado
andar	automóvil	andar	contenta	alimento
vestido	brincar	tomar		

1.

_____
_____

2.

_____
_____

3.

_____
_____

4.

_____
_____

5.

_____
_____

6.

_____
_____

7.

_____
_____

8.

_____
_____

9.

_____
_____

Sinónimos

Haz corresponder las palabras que tengan significados parecidos.

1. sabroso		delgado
2. lindo		cuidar
3. rápido		utilizar
4. flaco		delicioso
5. mojado		miedo
6. proteger		tarea
7. temor		bonito
8. callado		húmedo
9. alzar		aumentar
10. usar		silencioso
11. agrandar		subir
12. trabajo		veloz

sssh

Sinónimos

Busca en el recuadro un sinónimo para cada palabra subrayada.
Luego, escríbelo en la línea correspondiente.

unir	**crear**	**espacio**	**gusto**	**verlas**
diferentes	**igual**	**nunca**	**hallar**	**usa**

1. A Luisa le gusta mucho <u>construir</u> nuevas figuras con materiales
   desechables. _____

2. Por eso le encanta <u>encontrar</u> nuevos materiales para sus creaciones.
   _____

3. Para cada figura <u>utiliza</u> papel, cartón, tapitas, cintas, ¡en fin!, todo lo
   que pueda encontrar. _____

4. Y es que a Luisa le gusta <u>mezclar</u> muchos materiales.
   _____

5. ¡Y si son <u>variados</u>, aún mejor! _____

6. Por eso ninguna de las figuras que Luisa crea es <u>semejante</u> a las
   demás. _____

7. Ella <u>jamás</u> repite lo que ya ha hecho antes. _____

8. En su cuarto, Luisa tiene un <u>área</u> especial para exponer sus
   interesantes figuras. _____

9. Allí sus amigos van a <u>mirarlas</u>. _____

10. Como lo que le gusta a Luisa no es coleccionarlas, sino hacerlas, las
    regala con mucho <u>placer</u>. _____

Sinónimos

Lee cada grupo de palabras. Subraya la única palabra que no tenga un significado parecido al de las demás.

1. alegre, asustado, feliz, contento

2. dar, regalar, defender, obsequiar

3. aumentar, atrapar, agrandar, ampliar

4. causa, razón, motivo, peligro

5. interesado, agotado, cansado, fatigado

6. dormido, enojado, molesto, furioso

7. intentar, terminar, acabar, finalizar

8. desunir, pegar, separar, alejar

9. ver, mirar, observar, explicar

10. comenzar, estudiar, empezar, iniciar

Sinónimos

Descubre cuáles son las únicas plantas que caminan.

Lee cada palabra. Busca su sinónimo en el recuadro y completa el crucigrama.

subir	enfadado	unir	mirar
cooperar	asustado	veloz	suelo
húmedo	proteger	utilizar	tarea

1. usar

2. ver

3. elevar

4. enojado

5. trabajo

6. rápido

7. ayudar

8. piso

9. cuidar

10. juntar

11. mojado

12. temeroso

1. __ __ __ ☐ __ __ __ __

2. __ __ __ ☐ __

3. ☐ __ __ __ __

4. __ __ __ __ ☐ __ __ __

5. __ __ __ ☐ __

6. __ __ ☐ __ __

7. __ ☐ __ __ __ __ __ __

8. ☐ __ __ __ __

9. ☐ __ __ __ __ __ __

10. __ __ ☐ __

11. __ __ __ ☐ __ __

12. __ __ __ ☐ __ __ __ __

Antónimos

Haz corresponder las palabras que tengan significados contrarios.

1. grande	temprano
2. rápido	alto
3. barato	pesado
4. suave	caliente
5. bajo	lento
6. liviano	corto
7. mucho	áspero
8. frío	pequeño
9. aburrido	noche
10. tarde	poco
11. día	divertido
12. largo	caro

Antónimos

Lee las palabras de la primera columna y busca el antónimo de cada una de ellas en la segunda columna. Luego, únelas con una línea.

1. mojó	vieja
2. botar	entrar
3. tarde	enfermarse
4. nueva	secó
5. salir	conservar
6. descuidado	ancha
7. abierto	cuidadoso
8. curarse	irresponsable
9. responsable	temprano
10. estrecha	cerrado

Ahora, utiliza las palabras del ejercicio anterior para completar las siguientes oraciones.

1. No pude _____ al supermercado porque llegué muy _____ y ya lo habían _____.

2. Cuando salió del agua, Carmen se _____ rápidamente porque tenía un poco de gripe y no quería _____ más.

3. Laura no quiso _____ su _____ muñeca porque la tenía desde que era pequeña y le tenía mucho cariño.

4. La calle era tan _____ que sólo podía pasar un carro a la vez.

5. Manuel era muy _____ y _____ y por eso siempre usaba el cinturón de seguridad.

Antónimos

Busca en el recuadro el antónimo para cada palabra. Luego, escríbelo en la línea correspondiente.

adentro	**sano**	**abajo**	**separados**
dormido	**romper**	**salida**	**blando**

1. entrada _____

2. arreglar _____

3. juntos _____

4. afuera _____

5. enfermo _____

6. despierto _____

7. duro _____

8. arriba _____

Ahora busca las palabras del recuadro en la sopa de letras.

```
s  e  p  a  r  a  d  o  s
a  f  r  o  m  p  e  r  a
l  t  g  p  s  i  m  o  n
i  h  a  d  e  n  t  r  o
d  o  r  m  i  d  o  c  z
a  d  e  t  y  v  s  e  t
o  b  l  a  n  d  o  l  f
i  g  b  h  a  b  a  j  o
```

Antónimos

Lee cada par de oraciones iguales. Complétalas con las palabras del recuadro para obtener dos oraciones diferentes y correctas.

derritió	frío	agua	congeló	calor	hielo

1. Hacía tanto _____ que el _____ se

_____.

2. Hacía tanto _____ que el _____ se

_____.

oscuridad	día	permitía	claridad	noche	impedía

1. Como ya era de _____, la _____ nos

_____ ver el paisaje.

2. Como ya era de _____, la _____ nos

_____ ver el paisaje.

sano	alegró	enfermo	entristeció

1. José se _____ mucho porque su amigo estaba

_____.

2. José se _____ mucho porque su amigo estaba

_____.

Nombre _____ Fecha _____

Antónimos

Descubre cuál es el animal que tiene las cinco vocales en su nombre.

Lee cada palabra. Busca su antónimo en el recuadro y completa el crucigrama.

dar	dormido	después	agrio	falso
caliente	sucio	ruido	largo	vacío

1. despierto

2. silencio

3. recibir

4. frío

5. limpio

6. antes

7. cierto

8. lleno

9. corto

10. dulce

1. __ __ __ ☐ __ __ __

2. __ ☐ __ __ __

3. __ __ ☐

4. ☐ __ __ __ __ __ __

5. __ __ __ ☐ __

6. __ __ __ __ __ ☐ __

7. __ __ ☐ __ __

8. __ ☐ __ __ __

9. __ __ __ ☐ __

10. __ __ __ __ ☐

128 Antónimos

Tercer grado 10

Homónimos

Selecciona la palabra que completa mejor cada oración. Escríbela en el espacio correspondiente.

(pozo, poso)

1. ¿Me _____ sobre tus pétalos? —le preguntó la mariposa a la flor.

2. Manuel saca agua del _____.

(hay, ay)

3. _____, me pillé el dedo.

4. Ya no _____ más refrescos.

(hierba, hierva)

5. Vamos a sentarnos sobre la _____.

6. Para hacer el café, primero hay que esperar

   que _____ el agua.

(ralla, raya)

7. Mamá _____ el queso para los tacos.

8. La maestra hizo una _____ en la pizarra.

Nombre _____ Fecha _____

Homónimos

Di el nombre de cada dibujo. Traza un círculo alrededor de la palabra correcta. Luego, escríbela en la línea.

1. bota vota _____	**2.** caza casa _____	**3.** rayo rallo _____
4. ala hala _____	**5.** ola hola _____	**6.** hierva hierba _____
7. vote bote _____	**8.** pozo poso _____	**9.** vaya valla _____

Nombre _____ Fecha _____

Homónimos

Selecciona cuál es la palabra que completa cada oración. Escríbela
en el espacio correspondiente. Observa el ejemplo.

(vaya, valla)

1. Cuando Luis ——**vaya**—— contigo, platicarán.

(hasta, asta)

2. La bandera ondea hermosa en su ——————.

3. No me iré ——————— que se acabe la fiesta.

(alaban, halaban)

4. Ahora todos ——————— al valiente bombero que rescató al niño.

5. Todos ——————— la soga que sujetaba al bote.

(cayó, calló)

6. Juan se ——————— porque nadie lo estaba escuchando.

7. Alicia tropezó con una piedra y se ———————.

(hola, ola)

8. ¡———————, Raúl! ¿Cómo estás?

9. ¡Mira qué ——————— tan alta!

(casar, cazar)

10. Está prohibido ——————— a los animales que están en peligro de extinción.

11. Mi tío y su novia se van a ——————— y yo seré el padrino.

Homógrafos

Escribe el número 1 ó 2 para indicar cuál es la definición que corresponde a la palabra subrayada.

1. traje (1):   vestido

traje (2):   del verbo *traer*

Ya te <u>traje</u> lo que me pediste. —————

2. llama (1): animal mamíferro

llama (2): fuego

Ayer leí un libro sobre las <u>llamas</u> del Perú. —————

3. río (1):   corriente de agua

río (2):   del verbo *reír*

Luis es tan gracioso, que siempre me <u>río</u> de sus chistes. —————

4. lava (1):   materia derretida que sale de los volcanes en erupción

lava (2):   del verbo *lavar*

Papá <u>lava</u> la ropa en casa. —————

5. pie (1):   medida de longitud que equivale a doce pulgadas

pie (2):   parte de la pierna

La atleta logró un salto de siete <u>pies</u> de alto. —————

Nombre _____ Fecha _____

Homógrafos

Escribe una oración en la que uses cada palabra con el significado que se indica.

1. siento: del verbo *sentar*

_____

2. siento: del verbo *sentir*

_____

3. pasas: del verbo *pasar*

_____

4. pasas: pequeñas frutas secas

_____

5. bota: del verbo *botar*

_____

6. bota: tipo de calzado o zapato

_____

7. tomar: coger algo

_____

8. tomar: beber algo

_____

Homógrafos

Busca en el recuadro las palabras que completan cada oración.
Puedes usar cada palabra más de una vez.

sabe	piso	camino	cuarto	río	casa

1. Siempre _____ con cuidado al caminar.

2. Ya me aprendí el _____ hasta la escuela.

3. Natalia derramó el agua en el _____.

4. La _____ donde vivo queda cerca de mi escuela.

5. Si _____ mucho me canso.

6. Mi hermanito ya _____ contar hasta diez.

7. No es lo mismo "yo me baño en el _____", que "yo
me _____ en el baño".

8. Mi tía favorita se _____ hoy con su novio.

9. Esta limonada _____ demasiado dulce.

10. El próximo año voy para _____ grado.

11. Mi hermanita y yo compartimos el mismo _____.

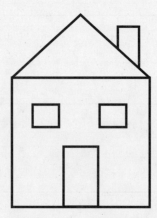

Parónimos

Lee las palabras de la primera columna y busca el parónimo de cada una de ellas en la segunda columna. Luego, únelas con una línea.

1. resistía		alma
2. ofender		docena
3. arma		rostros
4. decena		defender
5. fresco		insistía
6. rastros		frasco

Ahora utiliza las palabras del ejercicio anterior para completar las siguientes oraciones.

1. Jaime guardó todas sus canicas en un _____ de cristal.

2. Como había diez invitados, se necesitaba una _____ de sillas.

3. Las _____ de fuego son peligrosas y no son para jugar.

4. Laura era muy justa y por eso siempre _____ en _____ a los que lo necesitaban.

5. Los zoólogos siguen los _____ de los animales que estudian para encontrar dónde viven.

Parónimos

Di el nombre de cada dibujo. Traza un círculo alrededor de la palabra correcta. Luego, escríbela en la línea.

1.  garra gorra _____	**2.**  domador donador _____	**3.** gaveta gaviota _____
4.  docena decena _____	**5.** uniforme informe _____	**6.** fruta frita _____
7.  hombre hambre _____	**8.** facilidad felicidad _____	**9.** acero acera _____
10.  enyesado ensayado _____	**11.** hembra hombro _____	**12.** cuento cuanto _____

Repaso de la unidad

Lee cada par de palabras. Escribe S si son sinónimos y A si son antónimos.

1. olvidar/recordar _____

2. caminar/andar _____

3. manso/feroz _____

4. lindo/bonito _____

5. brinco/salto _____

6. trabajo/descanso _____

7. despacio/aprisa _____

8. enojado/molesto _____

9. nunca/jamás _____

10. tarde/temprano _____

11. solo/acompañado _____

12. usar/utilizar _____

13. ver/mirar _____

14. veloz/rápido _____

15. falta/sobra _____

16. flaco/delgado _____

17. dar/recibir _____

18. lleno/vacío _____

19. todo/nada _____

20. sabroso/delicioso _____

Lee cada par de palabras. Escribe H si son homónimos y P si son parónimos.

1. hierba/hierva _____

2. bota/vota _____

3. hambre/hombro _____

4. casa/caza _____

5. espacio/especie _____

6. hala/ala _____

7. halar/helar _____

8. efecto/afecto _____

9. rayo/rallo _____

10. docena/decena _____

Repaso de la unidad

Descubre cuál es la mitad de uno.

Lee cada palabra. Busca su antónimo, sinónimo o parónimo en el recuadro y completa el crucigrama.

agrio	**blando**	**fresco**
comida	**hielo**	**acabar**
utilizar	**gaveta**	**peor**

1. antónimo de "mejor" _ _ _ _

2. antónimo de "duro" _ _ _ _ _ _

3. antónimo de "dulce" _ _ _ _ _ ☐

4. sinónimo de "alimento" _ _ ☐ _ _ _

5. sinónimo de "terminar" _ _ _ ☐ _ _

6. sinónimo de "usar" _ _ _ ☐ _ _ _

7. parónimo de "hilo" _ ☐ _ _ _

8. parónimo de "gaviota" ☐ _ _ _ _ _

9. parónimo de "frasco" _ _ _ _ _ ☐

Repaso de la unidad

Escribe una oración con cada una de las siguientes palabras.

1. estrecho _____

   ancho _____

2. cuidar _____

   proteger _____

3. casa _____

   caza _____

4. traje (vestido) _____

   traje (traer) _____

5. río (reír) _____

   río (agua) _____

Repaso de la unidad

Escribe un antónimo para cada palabra.

1. corto _____

2. caliente _____

3. cerrar _____

4. cuidadoso _____

5. siempre _____

6. caerse _____

Escribe un sinónimo para cada palabra.

1. caminaba _____

2. acabar _____

3. asustado _____

4. mira _____

5. tomar _____

6. flaco _____

Escribe un homónimo para cada palabra

1. hola _____

2. casa _____

3. vota _____

4. rallo _____

5. calló _____

6. hay _____

Usa las palabras de los ejercicios anteriores para completar las oraciones.

1. Juan se _____ al tropezar cuando

_____ por la calle.

2. Ana tiene el _____ mucho más _____
que el mío.

3. Como es _____, Miguel _____

_____ antes de cruzar la calle.

4. A mi hermanito le gusta _____ su leche muy

_____.